CATECRIANDO
NOVAS DINÂMICAS DE GRUPO PARA A CATEQUESE

Coleção **CADERNOS CATEQUÉTICOS**
....

- *Educação da fé: missão da família e da comunidade*, Mary Donzellini
- *Gênesis 1-11: formação bíblica para a catequese*, Mary Donzellini; Mario Meireles
- *Catecriando: novas dinâmicas de grupo para a catequese*, Mary Donzellini (org.)
- *Formação contínua dos catequistas: importância – prioridade – compromisso*, Mary Donzellini
- *Nova etapa: a educação da fé com adolescentes*, Mary Donzellini; Ivani de Oliveira; Mario Meireles
- *A pedagogia de Jesus*, Mary Donzellini
- *O fenômeno religioso: ser católico no meio do pluralismo religioso*, Mary Donzellini
- *Batismo: anúncio – conversão – compromisso*, Mary Donzellini
- *Metodologia: fé e vida caminham juntas em comunidade*, Mary Donzellini
- *Espiritualidade do catequista: caminho – formação – vida na missão catequética*, Mary Donzellini
- *ComuniCat: a comunicação a serviço da catequese*, Mary Donzellini
- *Adultos na fé: pistas para a catequese com adultos*, Mary Donzellini
- *Ministério da coordenação na catequese*, Mary Donzellini

CATECRIANDO
NOVAS DINÂMICAS DE GRUPO PARA A CATEQUESE

CADERNOS CATEQUÉTICOS nº 3

PAULUS

Direção editorial: *Claudiano Avelino dos Santos*

Coordenação: *Thais dos Santos Domingues*

Autores: *Ivani de Oliveira*
Mário Meireles do Nascimento
Ir. Mary Donzellini, MJC

Ilustrações: *Cícero Soares*

Produção editorial: *AGWM produções editoriais*

Impressão e acabamento: PAULUS

Dados Internacionais de Catalogação na Publicação (CIP)
(Câmara Brasileira do Livro, SP, Brasil)

Donzellini, Mary
  Catecriando: novas dinâmicas de grupo para a catequese / Mary Donzellini, Mário Meireles do Nascimento, Ivani de Oliveira. – São Paulo: Paulus, 2016. – Coleção Cadernos catequéticos.

ISBN 978-85-349-4418-2

1. Catequese – Igreja Católica – Ensino bíblico 2. Catequistas – Educação 3. Dinâmica de grupo 4. Evangelização 5. Vida cristã I. Nascimento, Mário Meireles do. II. Oliveira, Ivani de. III. Título. IV. Série.

16-05597   CDD-268.6

Índice para catálogo sistemático:

1. Catequese: Dinâmicas: Métodos de instrução: Cristianismo   268.6

 Seja um leitor preferencial **PAULUS**.
Cadastre-se e receba informações
sobre nossos lançamentos e nossas promoções:
paulus.com.br/cadastro
Televendas: **(11) 3789-4000 / 0800 16 40 11**

2ª edição, 2016
3ª reimpressão, 2019

© PAULUS – 2016

Rua Francisco Cruz, 229 • 04117-091 • São Paulo (Brasil)
Tel.: (11) 5087-3700
paulus.com.br • editorial@paulus.com.br

ISBN 978-85-349-4418-2

Sumário

7 Apresentação
8 Introdução

11 Expectativas e qualidades
15 Impressões e características
17 Ajudar e ser ajudado
21 Montando o quebra-cabeça
23 Acolhida em sete momentos
27 Construção coletiva
29 Travessia
33 Somos diferentes, mas semelhantes
35 Valores e dons
37 Todos cabem no meu barco
41 Ser igreja
45 Eu sei partilhar
47 Abraço minha Bíblia

- 49 Sou arquiteto
- 51 Enxergo melhor com a luz do Senhor
- 53 O valor da expressão
- 55 Luz e palavra
- 59 Eu comunico a vida
- 61 A carta
- 63 O que descobri na catequese
- 65 Sonhos
- 69 Percepção sobre personagens bíblicos
- 71 Eu conheci .... na catequese
- 75 O Salmo da vida
- 77 Trinta segundos
- 79 As figuras
- 81 Ponto de vista
- 85 Testemunho de fé
- 87 Sentindo o Espírito Santo
- 89 Árvore da vida *versus* Árvore da morte
- 91 Luz *versus* Medo
- 93 Jogo da caixinha
- 95 Jogo das canetas

Apresentação

"Trata-se de confirmar, renovar e revitalizar a novidade do Evangelho arraigada em nossa história, a partir de um encontro pessoal e comunitário com Jesus Cristo, que desperte discípulos e missionários. Isso não depende de grandes programas e estruturas, mas de homens e mulheres novos que encarnem essa tradição e novidade, como discípulos de Jesus Cristo" (Documento de Aparecida, nº 11).

Desejo apresentar aos queridos catequistas mais um exemplar da Coleção Cadernos Catequéticos, como auxílio para a nossa querida catequese.

Este Caderno destina-se aos catequistas que são perseverantes no preparo das partilhas, das vivências e dos encontros com os catequizandos.

O material que apresento foi elaborado pelos catequistas Mario Meireles do Nascimento e Ivani de Oliveira, membros da Equipe de Coordenação da Diocese de Osasco. Eles são catequistas de valor, não somente pelo preparo intelectual, como pelo estudo bíblico e teológico. São cristãos conscientes, competentes e com experiência catequética.

Que Maria, a primeira catequista, abençoe a nossa missão dando-nos alegria para que possamos preparar verdadeiros cristãos. Espero que os catequistas possam aproveitar todo o material deste novo Caderno!

Ir. Mary Donzellini, mjc

Introdução

Este volume nº 3 da Coleção Cadernos Catequéticos foi elaborado para atender a necessidade de trabalhar em grupos com catequistas e catequizandos. É um livro em linguagem simples, clara e ilustrado.

Esta versão do *Catecriando – Novas dinâmicas de grupo para a catequese* apresenta motivações e a aplicação de 33 novas dinâmicas de grupo, diferentes das trazidas pela versão anterior.

É importante lembrar que esta publicação não oferece "receitas" de dinâmicas. Tem apenas o desejo de contribuir na criatividade dos catequistas para que eles, a partir destas pistas e da própria realidade, possam criar na comunidade catequizadora outras dinâmicas, sempre comprometendo a comunidade em uma ação transformadora.

As dinâmicas de grupo podem ser empregadas de diversos modos; muitas vezes, podemos usá-las superficialmente, como simples jogos e recreações que não requerem reflexão mais profunda.

As dinâmicas devem ser oportunidades para:

▶ criar fraternidade;

▶ aprofundar as relações humanas;

▶ animar a comunicação do anúncio da Boa-Nova.

O bom uso das dinâmicas de grupo leva os participantes a escutar, pensar, refletir e analisar as causas e as consequências dos acontecimentos.

As dinâmicas são também instrumentos que agilizam o funcionamento e o crescimento dos grupos. Elas ajudam no planejamento e na avaliação das atividades propostas e nos fazem compreender melhor o tema catequético.

O primeiro passo na aplicação dessas dinâmicas é ter grande interesse na participação de todos os membros e compreender que o próprio grupo ajuda o catequista a desfazer o medo e a insegurança. O grupo é fonte de vida, de esperança, de animação, de diálogo, de fraternidade e de alegria. Nele, o catequista se sente animado em sua missão.

Portanto, uma dinâmica de grupo não é algo passivo, pelo contrário, é técnica que ajuda a dinamizar um grupo; mas, para isso, todos devem:

- querer participar;
- escutar;
- falar;
- aderir a todas as atividades propostas;
- criar novas dinâmicas de grupo.

1

Expectativas e qualidades

Objetivo

Apresentar uns aos outros demonstrando as qualidades que cada um tem e as expectativas de cada um para o encontro.

Materiais

Uma bola média ou grande, etiquetas colantes, caneta.

Passo a passo

1. O catequista deve escrever nas etiquetas palavras que expressem qualidades (amoroso, fiel, gentil, honesto, dinâmico, otimista etc.) e as que expressem expectativas (aprendizado, novas amizades, fortalecimento, espiritualidade etc.). Deverá haver no mínimo uma etiqueta de qualidade e uma de expectativa para cada participante.
2. Colar as etiquetas na bola.
3. Pedir aos participantes que formem um círculo e passem a bola entre si. Cada um que pegar a bola deve retirar duas etiquetas (uma que expresse qualidade e outra que expresse expectativa) e colar em algum lugar do corpo que seja visível.
4. Depois que todos retiraram duas etiquetas, os participantes são convidados a caminhar pelo recinto e ler as qualidades e expectativas uns dos outros.
5. Após um tempo pré-determinado, os participantes podem comentar sobre suas escolhas e as escolhas dos outros participantes.

Análise

Esta dinâmica permite conhecer bem o grupo, saber quais são suas qualidades e expectativas e saber se o encontro irá contemplar o que esperam.

No caso da catequese, esta dinâmica ajuda a rever o planejamento. Se ela for feita nos primeiros encontros, será possível saber se alguma expectativa será ou não contemplada e repensar como poderá ser trabalhada.

Impressões e características

Objetivo

Mostrar a importância do diálogo e da observação e incentivá-los em todos os trabalhos catequéticos.

Material

Tiras de papel.

Passo a passo

1. Escrever, em pequenas tiras de papel, palavras como otimista, bem-humorado, fiel, corajoso, caprichoso, bondoso, caridoso, sincero, honesto e outras que expressem qualidades. Deixar algumas tiras de papel em branco.
2. Cada participante deve apresentar-se dizendo o nome, a idade e de onde veio. Essa apresentação deve ser breve.

3. O catequista espalha as tiras de papel no centro da sala, com as palavras viradas para cima, para que todos as vejam.
4. Cada participante pega a tira de papel com a palavra com que mais se identifica. Caso mais de um participante escolha a mesma palavra, o catequista escreve novamente a palavra em uma tira de papel em branco, para que cada um tenha a sua.
5. Cada participante diz por que escolheu aquela palavra e a entrega para alguém em quem ele vê aquela qualidade.

Análise

Mesmo sem nos conhecermos, muitas vezes atribuímos aos outros qualidades ou defeitos. Fazemos julgamentos precipitados.

Essa dinâmica permite que o grupo perceba que devemos ver no próximo primeiro suas qualidades, e não a ausência delas. Às vezes temos características iguais, mas somos pessoas diferentes e devemos respeitar o espaço de cada um.

3
Ajudar e ser ajudado

Objetivo

Mostrar a importância de ajudar e de aceitar ser ajudado.

Material

Tiras de pano para cobrir os olhos ou a boca dos participantes.

Passo a passo

1. Cada participante deve dizer se prefere ser "mudo" ou "cego".
2. Vendar os olhos de todos os que escolheram ser cegos e cobrir a boca de todos os que escolheram ser mudos.
3. Formar duplas: cegos com cegos e mudos com mudos.
4. Cada dupla deve sair e escolher um objeto de comum acordo.
5. As duplas podem usar apenas os recursos de comunicação que tiverem. Os que têm os olhos vendados não enxergam, mas podem falar e ouvir um ao outro. Os que têm a boca coberta não podem falar, mas podem enxergar e, portanto, comunicarem-se por gestos.
6. Após alguns minutos, as duplas devem explicar por que escolheram aquele objeto, sem retirar as tiras de pano dos olhos e da boca.
7. Provavelmente, haverá dificuldade em se comunicar. O catequista deve deixar que cada dupla tente se expressar.
8. Após as tentativas de todos, olhos e bocas devem ser descobertos e o catequista deve conduzir uma conversa sobre a experiência.

Análise

- Na comunidade em que vivemos, todos conseguem se comunicar?
- Os nossos irmãos com necessidades especiais de comunicação ou com deficiência conseguem se comunicar?
- Temos paciência, tentamos compreender e estudamos para nos comunicarmos melhor com eles?
- A catequese da comunidade é inclusiva, tem um olhar atento para com o catequizando com deficiência ou com necessidades educativas especiais?

Montando o quebra-cabeça

Objetivo

Usar de maneira lúdica os ensinamentos catequéticos.

Material

Vários cartões de 10 cm x 8 cm.

Passo a passo

1. O catequista deve escolher um texto bíblico já trabalhado em catequese. Alguns exemplos de textos conhecidos são: **Lc 24,13-35** (discípulos de Emaús), **Lc 1,26-38** (o diálogo de Maria com o anjo Gabriel) ou **Lc 15,11-32** (os dois filhos). O catequista pode escolher um desses ou outro de sua preferência.

2. O catequista escreve em cada cartão um versículo do texto escolhido.

3. Cada catequizando recebe um cartão. Se houver mais cartões que catequizandos, eles devem ser distribuídos entre os participantes.

4. Os catequizandos devem montar o quebra-cabeça, com a ajuda uns dos outros, fazendo com que o texto fique na ordem correta, como aparece na Bíblia.

5. Caso os catequizandos apresentem dificuldades, o catequista poderá ajudar dando algumas sugestões.

Análise

De maneira lúdica e descontraída, trabalhar os textos bíblicos na catequese facilita na reflexão.

Esta dinâmica favorece a integração do grupo. Sozinhos e isolados não podemos ter a compreensão do todo. É necessária a participação de todos. Se um ficar de fora e não quiser colaborar, todo o grupo será prejudicado, pois o texto ficará sem sentido. Assim é a catequese: quando falta um, sua ausência é sentida.

5
Acolhida em sete momentos

Objetivo

Acolher com gestos e palavras.

Passo a passo

1. Os participantes caminham pelo espaço. Na primeira etapa, devem apenas se olhar, acolhendo uns aos outros sem se tocar ou sorrir, utilizando apenas os olhos para se comunicar.

2. Na segunda etapa, podem acolher uns aos outros com o olhar e, ao encontrar outro participante, podem também cumprimentarem-se com um gesto, mas sem se tocarem e sem falarem. Por exemplo: podem fazer uma reverência, mostrar o polegar, fazer uma saudação com a(s) mão(s) ou um aceno.

3. Na terceira etapa, além de olhar e de fazer gestos, podem dar um aperto de mão, mas sem se abraçar e sem conversar.

4. Na quarta etapa, podem se abraçar, mas sem conversar.

5. Após alguns abraços, inicia-se a quinta etapa. O catequista avisa que, após o abraço, os participantes devem ficar de costas um para o outro. Nessa posição, costas com costas, podem conversar brevemente. Não podem se virar e nem se inclinar.

6. Na sexta etapa, o catequista pede para trocarem de par e, com os novos pares, posicionarem-se ombro com ombro e conversarem.

7. Na sétima e última etapa, mudam-se os pares e os novos parceiros podem conversar frente a frente, olho no olho.

Análise

Muitas vezes só usamos o recurso oral para nos acolhermos, nos conhecermos e nos expressarmos.

Todo o nosso corpo fala, se comunica. Devemos utilizar todas as ferramentas dadas por Deus para nos comunicarmos.

Nem todas as pessoas falam, veem, ouvem ou sentem, mas todas se comunicam de alguma forma e todas, sem exceção, devem ser bem-vindas na catequese.

6

Construção coletiva

Objetivo

Criar um desenho coletivo que seja o rosto do grupo.

Materiais

Revistas e jornais que possam ser recortados, lápis e canetas para colorir, cartolinas, papel pardo, cola, tesoura, glitter etc.

> **Observação:** cuidado com as crianças pequenas, por causa do material cortante.

Passo a passo

1. Cada um deve montar um desenho individualmente. Pode ser do jeito que o participante desejar, por exemplo, usando gravuras.
2. Formar duplas ou pequenos grupos. Cada um expõe seu desenho ou colagem. Em seguida, a dupla ou o pequeno grupo tenta montar um desenho único ou escolher um que represente todos.

3. Após confeccionar ou escolher o desenho, as duplas ou os grupos devem expor os trabalhos.

4. O catequista lê ou pede que alguém leia **Is 49,15-17**. Em seguida, todos refletem sobre o texto e constroem um desenho coletivo com as experiências e os desenhos de cada um. Ou então, se for o desejo de todos, escolhem um desenho já pronto que contemple o grupo.

Análise da dinâmica

Para alguns, será uma experiência difícil; para outros, será mais fácil. Com o desenvolvimento da dinâmica, alguns desenhos perdem o foco, enquanto outros se sobressaem.

Fazer com o grupo a seguinte reflexão: o desenho pode sobressair o valor de quem tem talento artístico, mas e quem não tem esse tipo de talento?

Deus enxerga todas as etapas, vê o invisível, o imaginário, face a face. Em tudo deve haver amor. Ler **1Cor 13,1-13**.

7

Travessia

Objetivos

Suscitar lideranças e incentivar o trabalho em equipe.

Passo a passo

1. O catequista escolhe um grupo de cinco a dez pessoas e pede a todas elas que se locomovam para um lado da sala e fiquem ali voltadas para a parede, de costas para os demais. Enquanto isso, em silêncio, o restante dos participantes coloca obstáculos no meio do caminho, por exemplo, cadeiras, mesas e outros objetos.

2. Após os obstáculos serem inseridos, os participantes que estão virados de costas são colocados em determinada ordem, por algum critério como idade, estatura ou primeira letra do nome. Em seguida, na ordem definida, são colocados de frente para os outros participantes que estão na sala.

3. Esse pequeno grupo deve passar para o outro lado da sala, ou seja, ir em direção à outra parede. Porém, todos devem ir juntos. Se alguém chegar antes, o catequista deve dizer que não valeu e todos devem voltar até conseguirem alcançar o objetivo juntos.

Análise

Fazer que todos reflitam sobre como foi o processo da dinâmica.

- Como cada um se sentiu?
- Quem se sentiu esmagado e desrespeitado?
- Quem mais correu ou empurrou?
- De que forma as lideranças foram se manifestando?
- Houve desistência no meio do caminho?
- Surgiram animadores?
- Houve torcida positiva ou negativa?
- Quem colocou os obstáculos pensou em ajudar ou atrapalhar?

Tudo isso é importante para perceber como agimos em grupo, sozinhos e em relação aos outros.

8

Somos diferentes, mas semelhantes

Objetivo

Brincar com os números, mostrando que às vezes somos os primeiros e às vezes somos os últimos, que somos diferentes e ao mesmo tempo somos iguais.

Material

Cartões com números diferentes, um para cada integrante.

Passo a passo

1. Cada participante recebe um número.
2. Cada um deve procurar um número igual ao seu.
3. Ninguém encontrará. O catequista, então, deve pedir que tentem encontrar o mais próximo ou semelhante ao seu.

Análise da dinâmica

Nenhum número é igual, mas um completa o outro. Cada número pode ser, em relação ao outro, menor, maior, semelhante, oposto... Assim são as pessoas: diferentes, mas podem se completar.

9

Valores e dons

Objetivo

Refletir sobre o dom que cada um recebeu gratuitamente de Deus.

Materiais

Providenciar fichas com os nomes de vários dons e cédulas que representem dinheiro.

Passo a passo

1. Cada membro retira um dom e algumas cédulas de dinheiro.
2. Depois que todos estiverem com um dom, devem tentar vender ou comprar dons uns dos outros.
3. A dinâmica continua até o catequista perceber que foram feitas várias negociações.

Análise da dinâmica

O que vale mais, dinheiro ou dons? Os dons podem ser comercializados? Ler **1Cor 12**.

10

Todos cabem no meu barco

Objetivos

- Fomentar a ajuda mútua.
- Mostrar que ninguém pode ser esquecido.

Materiais

- Giz ou fita crepe para demarcar o chão.
- Remos (confeccionados com cabos de vassoura, jornais e/ou outros materiais).
- Cartões com várias perguntas e pistas: as perguntas devem incluir formulações simples (como: quem tem na família alguém com o nome de Maria?) e difíceis (como: qual é o nome do vice-governador do seu Estado?); e as pistas devem ajudar o participante.

Passo a passo

1. Os participantes simulam um afogamento. Eles podem estar sentados, de joelhos ou deitados. Devem estar posicionados no centro ou no fundo da sala, de acordo com o local determinado pelo catequista.
2. O catequista deve escolher um local e demarcá-lo com o giz ou com a fita. Esse espaço demarcado será um barco em alto mar.
3. O catequista tira um pergunta e a faz aos participantes. Quem responder ou quem se enquadrar entra no barco e começa a remar.
4. A dinâmica prossegue para que os que estão fora do barco consigam entrar.
5. Se o barco for pequeno para todos, os participantes devem se organizar naquele mesmo espaço. O espaço delimitado não pode ser ampliado. O catequista deve dizer que quando o barco está em alto mar não aumenta de tamanho e, portanto, devem se organizar para que todos fiquem dentro.
6. Conforme forem remando, devem imaginar que o barco se aproxima da margem.
7. Caso algum participante não consiga responder, o catequista pergunta se algum tripulante deseja pular e tentar salvá-lo. Porém, para isso, ele deve conseguir responder alguma pergunta; caso contrário, poderá se afogar.
8. Se as perguntas acabarem, quem estiver no barco se salva e quem estiver fora se afoga.

Análise

Esta dinâmica ajuda a refletir sobre em qual barco está a catequese, a comunidade, a nossa família, a sociedade...

- O barco aqui é simbólico e tem relação com o dia a dia: estamos dispostos a lançar as redes?
- Quantas vezes fomos resgatados e resgatamos?
- A catequese precisa ser resgatada?

11

Ser igreja

Objetivo

Mostrar que a construção da Igreja é coletiva e todos devem estar incluídos.

Materiais

- Uma bexiga vazia para cada participante.
- Pequenos papéis que caibam dentro dos balões.
- Canetas ou lápis para todos.

Passo a passo

1. Entregar para cada participante um papel e uma bexiga e pedir que ele escreva o seu nome no papel e o coloque dentro da bexiga.
2. Após encherem as bexigas com os papéis dentro, todos devem lançá-las ao ar, sem deixá-las cair.
3. Gradualmente, o catequista deve retirar algumas pessoas da dinâmica. Os que continuarem devem manter as bexigas no ar. Se o catequista perceber que há muitas pessoas participando e que elas estão dando conta facilmente, deve retirar mais algumas para dificultar.
4. As bexigas que caírem no chão não podem ser pegas.
5. No final, os poucos participantes no centro devem tentar segurar o máximo possível de bexigas com as mãos.

6. As bexigas que ficarem no chão devem ser esquecidas, e as que estiverem com os participantes devem ser estouradas.

7. Todos os papéis das bexigas estouradas devem ser recolhidos, e os nomes escritos neles devem ser lidos em voz alta.

Análise da dinâmica

Alguns nomes não foram lidos. Algumas pessoas foram eliminadas da dinâmica. Alguns ficaram com muito serviço e não deram conta. Muitos foram esquecidos. A igreja pode excluir?

Refletir com a ajuda do Documento 100 da CNBB – Comunidade de comunidades: uma nova paróquia.

A Igreja é o povo que se organiza em mutirão.

12

Eu sei partilhar

Objetivos

- Conscientizar sobre a importância de defendermos os interesses uns dos outros.
- Estimular o compromisso solidário.

Materiais

- Uma caixa que seja fechada com chave ou na qual se possa colocar um pequeno cadeado.
- Dois lápis sem ponta.
- Duas folhas de papel em branco.
- Dois apontadores iguais.

Passo a passo

1. Formam-se duas equipes. Uma equipe recebe a caixa trancada, com dois lápis sem ponta e duas folhas de papel em branco dentro. Para a outra equipe entrega-se a chave da caixa e dois apontadores iguais.

2. O catequista pede que as duas equipes negociem entre si o material necessário para o cumprimento da seguinte tarefa: ambas deverão escrever "EU SOU CATEQUISTA E AMO A CATEQUESE".

3. As equipes deverão fazer uma negociação entre si, para que as frases sejam escritas nas folhas que estão dentro da caixa. Deverão fazer de tudo para que consigam escrever a frase proposta, cada grupo em uma folha de sulfite.

4. A frase deve ser anotada no quadro ou em um cartaz, em letra grande e legível. Em seguida, lê-se o texto bíblico **2Cor 2,15-17**.

Análise

O amor à catequese deve permear nosso "ser" catequista. Devemos sempre apresentar Jesus cristo aos catequizandos de maneira simples, pois somos chamados por Deus para dar testemunho de Jesus, que nos anima na caminhada.

13

Abraço minha Bíblia

Objetivo

Demonstrar o valor que a Bíblia tem na catequese e na vida de cada pessoa.

Material

Bíblia.

Passo a passo

1. Após explicar o objetivo, o catequista pede para que todos formem um círculo.
2. Pede também que cada pessoa segure a Bíblia e demonstre concretamente seu sentimento: carinho, afago, respeito, amor...
3. Deve-se ficar atento às manifestações verbais dos integrantes.
4. Após a experiência, os integrantes são convidados a fazer o mesmo gesto de carinho no participante à sua direita.
5. Por último, conversar sobre as reações dos integrantes aos sentimentos que tiveram (medo? carinho? inibição?), tanto para com a Palavra de Deus quanto para com a pessoa ao seu lado.

Análise da dinâmica

Devemos ter para com nosso semelhante o mesmo carinho que temos pela Bíblia, porque *"A Bíblia é vida em nossa vida!"*. Ler **Lc 15,20**.

14

Sou arquiteto

Objetivo

Mostrar que trabalhar em equipe fortalece a caminhada.

Materiais

Lápis ou canetas coloridas, giz de cera, dois papéis grandes e vários papéis pequenos (um para cada participante).

Passo a passo

1. O catequista divide os catequizandos em dois grupos.
2. Para o primeiro grupo, entrega uma folha de papel grande e canetas, lápis, ou giz de cera. Em seguida, pede para que o grupo desenhe uma casa, com janelas e portas, e ao lado da casa desenhe uma árvore, um jardim cercando a casa, sol, nuvens e aves voando.
3. Para o segundo grupo, entrega a cada participante, isoladamente, um pedaço de papel pequeno previamente preparado com uma indicação escrita no verso.

4. Essa indicação define que parte da imagem total deve ser desenhada ali. Por exemplo: escrever em um papel "telhado", em outro "porta", "paredes de uma casa", "pássaro", "sol" etc. Se o grupo for pequeno e não houver integrantes suficientes para desenhar cada elemento separado, pode-se juntar os elementos a serem desenhados no mesmo papel, para que nenhum falte na composição final.

5. Pedir a cada integrante do segundo grupo que ao receber o papel pequeno desenhe nele, sozinho e sem deixar os outros verem, o que a indicação pede.

6. Depois, colar todos os papéis pequenos desenhados na folha grande restante, formando a composição completa.

7. Obviamente, o desenho do grupo que desenhar junto ficará mais uniforme, mais bonito. Já a composição do grupo que desenhar as partes separadamente ficará desordenado, pois ninguém sabia o que o outro estava desenhando e qual o tamanho.

Análise da dinâmica

Percebemos que quando fazemos as coisas juntos somos mais eficientes; porém, quando agimos individualmente, deixamos a desejar, sempre faltará algo. Ler **1Cor 12,4-11**.

15

Enxergo melhor com a luz do Senhor

Objetivo

Refletir sobre a luz que emana de Deus em nossa vida.

Materiais

Papéis, canetas coloridas, lápis coloridos e vendas para os olhos.

Passo a passo

1. O catequista venda os olhos dos catequizandos.
2. Em seguida, pede a cada um que desenhe – sempre com os olhos vendados – uma paisagem contendo uma casa com janelas e portas, um jardim, uma árvore, o sol, nuvens e aves voando.
3. Quando terminarem de desenhar, o catequista pede para escreverem no desenho a frase: "SEM A LUZ DE DEUS PAI, DEUS FILHO E DEUS ESPÍRITO SANTO, TUDO FICA FORA DO LUGAR".
4. Pedir para tirarem as vendas dos olhos e fazerem uma exposição dos desenhos, passando-os pelas mãos de cada um.

Análise da dinâmica

Sem a luz e a presença do Pai, toda obra sai imperfeita. Deus é a única luz. Sem ela, só há trevas. Ler **Sl 119,105**.

16

O valor da expressão

Objetivo

Observar os diversos olhares que as pessoas têm sobre a vida.

Materiais

Papéis e canetas.

Passo a passo

1. O catequista entrega para cada catequizando uma folha para que ele escreva a respeito do tema do encontro catequético anterior, durante dois ou três minutos.
2. Depois de escrever, o catequizando coloca numa cesta seu texto.
3. Cada catequizando retira da cesta um papel com um texto, que provavelmente não será o seu.

4. Com o texto retirado do cesto em mãos, cada catequizando deve lê-lo em voz alta e, em seguida, fazer uma reflexão sobre ele. Essa reflexão pode completar ou não a opinião do colega que escrever. Todos devem ler, um após o outro.

5. Partilha coletiva.

> **Observação:** caso o catequista perceba que o catequizando não conseguirá escrever (por exemplo: por estar em pré-catequese e ser, portanto, muito jovem), a dinâmica pode ser adaptada para outra forma considerada adequada pelo catequista.

Análise

Cada pessoa tem um olhar diferente, mesmo que o tema seja igual.

Guardamos em nosso coração e em nossa mente aquilo que mais chamou a nossa atenção. Para cada pessoa, algo diferente fica mais forte.

17

Luz e palavra

Objetivo

Conduzir os catequizandos a uma reflexão sobre a luz que nos ilumina.

Materiais

Bíblia, barbante, velas pequenas para todos os integrantes e uma vela grande para ser colocada no centro do grupo.

Passo a passo

1. Os participantes formam um círculo. No centro do círculo, em uma mesa, coloca-se a Bíblia e a vela grande acesa. A Bíblia deve estar amarrada com o barbante, e este deve ter sobra suficiente para amarrar as velas de todos.

2. Um catequizando, segurando sua vela, vai ao centro do círculo, passa o barbante em volta de sua vela e a acende na vela grande.

3. Em seguida, o catequizando que acabou de acender sua vela entrega a ponta do barbante para o próximo participante, que passará o barbante em torno de sua vela, a acenderá na vela do centro e entregará o barbante ao próximo. Esse processo se repetirá até que todos tenham suas velas acesas e enlaçadas pelo barbante.

4. Quando todos estiverem com suas velas enlaçadas pelo barbante, fazer a leitura de uma das passagens: **Jo 8,12**; **Mt 5,14**; **Lc 8,16** ou **Is 9,1a**.
5. Todos partilham o sentimento experimentado.
6. Por fim, relacionar a dinâmica com o texto bíblico proposto.

Análise

Estamos todos ligados e iluminados pela Palavra de Deus.

18

Eu comunico a vida

Objetivo

Despertar o comunicador que existe em cada um.

Materiais

Fichas com fotografias ou desenhos para serem representados por mímicas.

Passo a passo

1. Separar os catequizandos por dupla. Entregar uma ficha para cada dupla.
2. Após receber a ficha, deve ser dado um tempo, previamente estipulado, para que a dupla converse sobre a mímica que irá fazer.

3. Em seguida, a dupla encena o que estiver na ficha por meio apenas de mímica, sem o uso de qualquer som. Cada dupla deve ter um minuto para se apresentar.
4. Os demais catequizandos devem tentar adivinhar o que foi representado.

Análise

Falar sobre a importância da comunicação nos trabalhos e nas atividades da catequese. Falar também sobre a importância do entrosamento dos integrantes do grupo, para que juntos possam – até mesmo sem se comunicar – entender o que os outros estão pensando ou desejando fazer.

19

A carta

Objetivo

Avaliar o momento concreto que está sendo vivido pelo grupo por meio da verbalização das emoções.

Materiais

Papéis e canetas.

Passo a passo

1. Cada participante escreve uma carta contando como ele está na catequese.
2. Nessa carta, ele deve dizer como está se sentindo em relação à catequese, o que está sendo mais importante, se está gostando ou não, se vai sentir saudade, a razão de tudo isso... E o que mais ele quiser acrescentar.
3. Depois, as cartas são lidas em voz alta pela própria pessoa que a escreveu ou trocam-se os leitores.

Análise

Avaliar é preciso. Na vida, temos que sempre avaliar os nossos momentos.

Quem revê vê melhor!

20

O que descobri na catequese

Objetivo

Avaliar os momentos vividos na catequese.

Material

Uma garrafa.

Passo a passo

1. O catequista gira a garrafa no chão, e, quando ela parar, apontará na direção de um catequizando.
2. O catequizando para quem a garrafa apontar deve ir para o centro e fazer uma avaliação do encontro catequético daquele dia.

> **Observação:** esta dinâmica pode ser usada também na reunião com os pais, quando poderão falar um pouco sobre si ou sobre o(a) filho(a).

Análise

É recomendado que o catequista anote tudo para depois poder partilhar com outros catequistas, com o padre etc.

As descobertas são incríveis!

21
Sonhos

Objetivo

Sonhar é preciso. Portanto, devemos saber quais são as prioridades para a nossa caminhada.

Materiais

Papel e caneta para cada integrante.

Passo a passo

1. O catequista pede que cada pessoa escreva cinco sonhos pessoais, dizendo: "Devemos lembrar que esses sonhos serão nossa bagagem para uma viagem muito especial: a viagem da nossa vida! Iremos para outro país, numa longa jornada!".

2. Depois que os participantes terminarem de escrever, o catequista continua dizendo o "passo a passo" dessa viagem: "Com nossos sonhos em mãos e saindo de casa, temos nossa primeira dificuldade: nem todos os nossos sonhos cabem no carro que vai nos levar. Por isso, temos de abandonar um. Qual deles será?". Os participantes riscam um sonho.

3. Catequista: "Seguindo viagem, nosso carro quebra e temos de seguir a pé. Porém, nossa bagagem é pesada demais... Temos de deixar outro sonho de lado, ficando somente com três. Qual sonho será abandonado?". Os participantes riscam mais um sonho. O catequista continua: "Como estou me sentindo?".

4. Catequista: "Em nossa caminhada, nos deparamos com um cachorro que começa a correr para nos atacar. Para conseguirmos escapar de uma mordida, temos de abandonar outro sonho, ficando com apenas dois. Qual sonho ficará para trás dessa vez?". Os participantes riscam mais um sonho.
5. Catequista: "Após um caminho tortuoso até a entrada em outro país, encontramos a alfândega. Acabamos sendo barrados e temos de seguir somente com uma mala. Qual sonho deixaremos para trás agora?" Os participantes riscam mais um sonho. O catequista continua: "Qual o nosso maior sonho, aquele que nunca abandonamos?".

Análise

O carro cheio representa as pessoas que nos fazem desistir de alguns sonhos: a nossa família, os nossos amigos, as pessoas da nossa catequese...

O peso das malas representa os momentos em que estamos tentando realizar esse sonho, mas acabamos desistindo pelo cansaço.

O cachorro que quer nos atacar representa as perseguições que muitas vezes sofremos ao tentar realizar nossos sonhos. Jesus disse a seus discípulos que eles seriam perseguidos.

Finalmente, a alfândega significa o nosso encontro com Jesus.

Em que momento foi mais difícil abandonar um sonho? O que me motivou e o que me motiva durante as dificuldades?

Que retribuição devo esperar se seguir corretamente todos os passos nessa viagem? Qual a retribuição que Deus oferece para mim?

22

Percepção sobre personagens bíblicos

Objetivo
Conhecer melhor os personagens bíblicos.

Materiais
Papéis, canetas e fita adesiva.

Passo a passo
1. Cada catequizando escreve o nome de um personagem bíblico, sem que os demais vejam.
2. O catequista pede que cada um dobre o seu papel e coloque em um saco. Em seguida, embaralha os papéis dobrados.
3. Os participantes formam um círculo, em pé, de costas um para o outro.
4. O catequista sorteia os papéis e entrega um para cada participante.

5. Cada um deles cola o papel aberto nas costas de quem estiver à sua frente, usando fita adesiva.

   Todos começam a se movimentar pela sala, tentando adivinhar qual é o personagem bíblico que está em suas costas. Para isso, podem fazer perguntas a respeito do personagem (por exemplo: É homem? É mulher? Ficou grávida? Foi visitar sua prima? Andou pelo deserto?). Os que forem responder podem dizer apenas "sim" ou "não".
6. Se alguém achar que descobriu, deve dizer para o catequista. Se acertar, continua ajudando os outros a responder.
7. Partilha da vivência.

> **Observação:** pode-se variar a dinâmica, usando outros elementos para a adivinhação, como frutas, flores, animais, legumes etc. Pode-se, ainda, aplicar a dinâmica a dois subgrupos (com personagens diferentes). Deve-se usar textos da Bíblia.

Análise

Esta dinâmica ajuda a conhecer melhor os personagens bíblicos. Às vezes, os participantes mostram dificuldades. Nesses casos, o catequista pode permitir que eles deem respostas mais completas, não se limitando a apenas "sim" ou "não".

23

Eu conheci .... na catequese

Objetivo

Descobrir o valor da pessoa humana.

Material

- Um pôster com a figura de alguém (escolhido pelo catequista) conhecido e admirado pelas pessoas.
- Uma folha do tamanho do pôster com um ponto de interrogação grande.
- Um cartão de 10 cm x 8 cm para cada pessoa.

Passo a passo

1. O catequista prepara a sala previamente, pendurando o pôster com a pessoa escolhida e cobrindo-o com a folha que está com o ponto de interrogação, de modo que fique fácil tirá-la e mostrar a imagem do pôster ao final da dinâmica. O catequista também escreve na lousa ou em um cartaz a frase "Eu conheci .... na catequese".

2. O catequista distribui os cartões aos participantes e faz a motivação do exercício: "Raramente encontramos um ser humano que não admire alguém – um herói, um santo, um cientista ou até mesmo uma pessoa comum cuja vida lhe tenha causado impacto. Hoje iremos apresentar ao grupo alguns comentários sobre essa pessoa que admiramos. Não importa a nacionalidade dessa pessoa, nem tampouco seu prestígio perante a sociedade, nem se os outros ficavam felizes ou com raiva quando ela aparecia".

3. O catequista pede aos catequizandos para escreverem no cartão o nome de um personagem que admiram e as razões de sua admiração.

4. Em seguida, cada um fala para o grupo quem é a pessoa que escolheu e por que a admira. Os outros participantes podem fazer perguntas, mas é preciso evitar que as escolhas das pessoas sejam questionadas.

5. Após essa primeira discussão, os participantes devem tentar descobrir quem é a pessoa escondida atrás do ponto de interrogação. Essas tentativas podem ser feitas por meio de perguntas ou alguma outra forma, a critério do catequista.

6. Após todos falarem, tirar o ponto de interrogação e revelar a imagem do pôster. Escrever o nome da pessoa escolhida no espaço em branco da frase.

> **Observação:** a imagem do pôster pode ser a do padroeiro da comunidade, a do papa... A pessoa escolhida pode até mesmo ajudar a trabalhar determinado tema. Por exemplo: se o catequista quiser falar sobre ecologia, pode escolher colocar um pôster de São Francisco.

Análise

- Todos descobriram quem é a pessoa por trás da interrogação?
- Para que serviu o exercício?
- O que mais poderíamos falar sobre o personagem descoberto?

24

O Salmo da vida

Objetivo

Estimular o catequizando a escrever sobre a vida dele, com base na experiência da vida de Deus.

Materiais

Lápis e papéis para todos os integrantes.

Passo a passo

1. Cada integrante deve escrever a história de sua vida, destacando os acontecimentos marcantes.
2. O catequista deve alertar o grupo de que experiências de dor e sofrimento podem ser vistas como formas de crescimento e não apenas como acontecimentos negativos.
3. Os catequizandos devem se perguntar qual foi a experiência de Deus que fizeram a partir dos acontecimentos descritos ou no decorrer de suas vidas.

4. Cada participante deve escrever o *Salmo da vida*: uma oração de louvor, de agradecimento, de pedido de perdão, de clamor etc. Os participantes devem estar em um ambiente de paz e reflexão para escrever os salmos.
5. Os integrantes devem ser divididos em subgrupos de três ou quatro pessoas, nos quais cada um deve partilhar sua oração.
6. O grupão é novamente reunido e quem quiser pode apresentar sua oração para todos.
7. Partilhar sobre a dinâmica e a experiência que ela trouxe para os integrantes.

Análise

Algumas questões que podem ser abordadas:

- Como cada um se sentiu recordando o passado?
- O que mais chamou a atenção?
- Qual foi a reação aos acontecimentos tristes?
- Como tem sido a experiência com Deus?
- Qual a importância Dele em nossas vidas?

Pode-se ainda comparar os salmos redigidos com os salmos bíblicos.

25
Trinta segundos

Objetivo

Estimular a participação de todos nas reuniões e evitar interrupções paralelas.

Passo a passo

1. O catequista apresenta um tema a ser discutido pelo grupo.
2. Cada catequizando tem 30 segundos para falar sobre o assunto apresentado, sendo que ninguém, em hipótese alguma, pode ultrapassar o tempo estipulado. O silêncio deve ser total.
3. Caso um catequizando termine o comentário antes dos 30 segundos, todos devem se manter em silêncio até o final desse tempo.
4. Quando todos terminarem de falar, o tema proposto pode, então, ser partilhado livremente.

Análise da dinâmica

Essa dinâmica permite trabalhar o saber esperar.

26

As figuras

Objetivo

Mostrar que a mesma tarefa pode ser executada de formas diferentes, de acordo com a visão de cada um.

Materiais

- Cartolina e cola.
- Figuras iguais, para serem distribuídas uma para cada grupo, em tamanho suficiente para serem recortadas como um quebra-cabeças.

Passo a passo

1. Dividir os participantes em dois grupos. Caso sejam muitos, podem ser formados três ou mais grupos.
2. Entregar uma figura para cada grupo, tomando cuidado para que os participantes não vejam que as figuras são iguais.

3. Pedir aos grupos que cortem as figuras em partes, como um quebra-cabeça. Explicar que o quebra-cabeça será montado por outro grupo, e pedir que recortem a figura de modo a tornar difícil a montagem pelo outro grupo (até o momento, os participantes ainda não sabem que as figuras são iguais).

4. Trocar os "quebra-cabeças" entre os grupos, para que cada grupo monte o que outro grupo recortou.

5. Depois de um tempo previamente estipulado, os grupos deverão mostrar o que conseguiram montar dos quebra-cabeças.

6. Em seguida, os grupos deverão colar os quebra-cabeças completos na cartolina.

7. Apresentar os trabalhos e compartilhar como foi o processo.

Análise

- Como os grupos reagiram ao perceber que as figuras eram iguais?
- Isso tem alguma semelhança com a catequese?

Todas as vezes que dificultamos a vida do outro, estamos dificultando a nossa própria vida, pois somos um só corpo com muitos membros. Ler **1Cor 12,12**.

27

Ponto de vista

Objetivo

Analisar como o mesmo assunto pode causar discussões diferentes de acordo com o enfoque dado.

Materiais

- Objetos de leitura (livros, apostilas, revistas, manchetes de jornal, textos impressos da internet) sobre o tema escolhido.
- Papel e caneta.

Passo a passo

1. Separar a turma em dois grupos. Caso haja muitos participantes, pode-se formar um terceiro grupo de observadores (ou "júri").
2. Cada grupo recebe um envelope com um tema a ser discutido. O tema deve ser o mesmo, mas com informações diferentes. Por exemplo: se o tema for "Violência na adolescência", o primeiro grupo pode receber materiais que responsabilizem as famílias, e o outro pode receber materiais que considerem as famílias como vítimas.
3. Os participantes de cada grupo devem combinar entre si uma forma de apresentar o tema, do jeito que acharem melhor, mas defendendo a posição que encontraram dentro do envelope. Devem usar o material de leitura disponibilizado como base para sua apresentação.

4. É realizado o grande "tribunal": cada grupo apresenta o seu ponto de vista, durante um tempo previamente determinado.

5. Após as duas apresentações, discutir: "Por que as mensagens foram tão diferentes?". Caso haja o grupo de júri, é aqui que ele pode se manifestar e expor sua opinião.

Análise

Chamar a atenção sobre onde coletamos as informações. Não se pode, ao ler um fato, reproduzi-lo sem averiguar sua veracidade e sem verificar se a sua reprodução não fere os princípios éticos aprendidos na catequese.

28

Testemunho de fé

Objetivo

Mostrar que a fé e o crescimento nela são profundamente sociais.

Materiais

- Uma Bíblia para cada grupo.
- Papel e caneta para cada participante.

Passo a passo

1. O catequista começa dizendo aos participantes que, na vida cotidiana, encontramos constantemente pessoas que exercem grande influência sobre nós. Essa influência pode ser tanto positiva quanto negativa. O que se deve fazer diante dessa consciência?

2. Depois disso, cada participante, em particular, deve parar para pensar e identificar entre seus amigos, vizinhos e parentes: quantos realmente creem? Quantos são católicos não praticantes? Quantos mudaram de religião nos últimos tempos? Quantos vivem a fé apenas seguindo os mandamentos ao pé da letra?

3. Ainda em particular, cada um escreve em um papel os testemunhos de fé que já encontrou e que repercussão eles tiveram em sua vida.

4. Em grupos de quatro pessoas, os participantes compartilham suas reflexões pessoais e identificam possíveis elementos comuns.

5. Em seguida, leem os textos: **Jo 3,21; Mt 7,21; Tg 1,22; Jo 9,38; Lc 5,5; Mt 15,21-28**.

6. Conversar sobre a relação entre os testemunhos identificados e os textos lidos.

7. Cada um deve tirar suas próprias conclusões para, em seguida, compartilhar com toda a turma.

Análise

Precisamos estar atentos ao nosso dia a dia e não nos atermos apenas aos fatos do passado.

29
Sentindo o Espírito Santo

Objetivo

Mostrar que há situações em que compreendemos as coisas por meio de experiências e não por palavras.

Material

Uvas.

Passo a passo

1. O catequista deve falar sobre o Espírito Santo para o grupo. Pode falar sobre quem é o Espírito Santo segundo algum santo, segundo algum autor conhecido e/ou partindo de suas experiências pessoais.
2. Depois, o catequista mostra o cacho de uvas e pergunta como cada participante acha que está o sabor das uvas.
3. Provavelmente, surgirão comentários como: acho que estão doces, que estão azedas, que estão suculentas... Certamente alguns irão discordar a respeito do sabor.
4. Após todos terem respondido, o catequista entrega uma uva para cada catequizando.
5. Em seguida, o catequista pergunta novamente como está o sabor da uva.

Análise

Só saberemos o sabor do Espírito Santo se o experimentarmos e se o deixarmos agir em nós.

30

Árvore da vida versus Árvore da morte

Objetivo

Refletir sobre os sinais de vida e de morte no bairro, na comunidade, na família, no grupo etc.

Materiais

Um galho de árvore seco, um galho de árvore verde, canetas, tiras de papel e algo para acender (com segurança) uma pequena fogueira.

Passo a passo

1. Em pequenos grupos, refletir sobre os sinais de vida e de morte que existem no bairro, na família, no grupo etc. Escrever esses sinais nas tiras de papel.
2. Pendurar as tiras de papel com sinais de morte no galho seco e as tiras de papel com sinais de vida no galho verde.

3. Cada pessoa fala sobre o que escreveu e pendurou nos galhos.
4. No intervalo entre as falas dos participantes, pode-se cantar algum refrão.
5. Ao final, o catequista ajuda os grupos a recordar a prática de Jesus e assim, iluminados pela memória da palavra de Deus, os participantes devem pensar sobre o que fazer para gerar mais sinais de vida e para enfrentar os sinais de morte.
6. Após todos concluírem, fazer a leitura de **Jo 15,1-8**.
7. Para finalizar, cada participante pega um sinal de morte do galho, faz uma prece de perdão e o queima. Em seguida, cada participante pega um sinal de vida do galho e o leva para casa como recordação e desafio para continuar escolhendo ser sinal de vida.

Análise

Tudo que gera morte deve ser anulado e tudo que gera vida deve ser perpetuado.

31

Luz *versus* Medo

Objetivo

Descobrir a importância da luz em nossa vida.

Materiais

Uma vela para cada participante, uma caixa de fósforos ou um isqueiro e 2 bexigas.

Passo a passo

1. Encher as duas bexigas e deixá-las escondidas.
2. Combinar previamente com um ajudante para estourar as bexigas no momento certo, sem que os outros saibam.
3. Deixar a sala completamente escura. Se precisar, cubra as janelas e cada fresta por onde possa entrar luz.
4. Peça aos participantes para fazerem silêncio e diminuirem a agitação.
5. Quando a sala estiver totalmente quieta, o ajudante deve estourar uma bexiga.

6. Acender uma vela, mostrar a causa do barulho e perguntar quem se assustou e por quê.
7. Dar a cada participante uma vela e peça para acendê-la com a sua. Enquanto isso, falar sobre como anunciar o Evangelho.
8. Assim que a sala estiver toda iluminada, o ajudante deve estourar a outra bexiga.
9. Conversar sobre a diferença entre os sustos que levaram ao ouvir o estouro com o ambiente escuro e com o ambiente iluminado. Perguntar qual susto foi maior.
10. Falar sobre o quanto a luz de Jesus nos afasta do medo e nos ajuda a lidar com os sustos da vida.
11. Encerrar com uma música relacionada ao tema.

Análise

Refletir sobre o valor da luz, pois quando estamos nas trevas até mesmo uma coisa simples como uma bexiga estourando nos assusta. Comparar essa situação com o fato de que Jesus é a luz da nossa vida.

Chamar a atenção dos participantes para a iluminação: quem está em destaque, quem está no escuro, se todos podem ver uns aos outros...

Perguntar quais são as situações que acontecem no mundo que podem ser comparadas com o que foi vivenciado na dinâmica. Perguntar a cada participante como ele acha que as pessoas veem a sua presença no mundo.

Falar que aquele que tem Jesus, e por causa dele tem esperança, é como uma luz acesa. Dizer o quanto o nosso mundo precisa de mais luzes acesas.

32

Jogo da caixinha

Objetivo

Sentir a reação de cada pessoa diante do desconhecido.

Materiais

Caixa de papelão com tampa (com algum objeto dentro ou não).

Passo a passo

1. O catequista mostra a caixa para cada participante individualmente.
2. Cada participante vê o que está dentro da caixa e "traduz" para o grupo através de mímica.
3. Cada um comenta sobre a experiência: o que viu dentro da caixa? Sentiu-se encantado ou desencantado? Conseguiu adivinhar a mímica que o outro fez?

Observação: pode-se colocar na caixa a Bíblia, a imagem de um personagem bíblico, a foto de alguém conhecido, ou outro material que o catequista julgar apropriado, ou deixá-la vazia.

Análise

Temos olhares diferentes quando nos defrontamos com o desconhecido.

33

Jogo das canetas

Objetivo

Despertar a memória dos participantes e trabalhar suas emoções.

Materiais

Cinco canetas (de cores diferentes) e uma mesinha.

Passo a passo

1. O catequista explica aos participantes que vai "escrever" cinco nomes com as cinco canetas sobre a mesinha.
2. Cada um deve memorizar a ordem dos nomes e a cor das canetas usadas para escrever cada um deles.
3. Quem souber a ordem não pode falar até que todos descubram (ou que a maioria descubra).

4. Durante a dinâmica, o catequista pode dar dicas ao grupo. Por exemplo: dizer que não é um jogo de inteligência, que não é preciso usar o raciocínio ou a lógica, que eles devem olhar o todo, levando-os a perceber o "segredo".
5. Partilhar comentários sobre a experiência, principalmente sobre as emoções.

Análise

Este jogo suscita sentimentos como raiva, ódio, impotência, frustração, perda etc. O catequista deve ser hábil para lidar com esses sentimentos. Embora possa ser classificado também como um jogo de sensibilização, recomenda-se sua aplicação somente em grupos que se encontram na segunda ou na terceira etapa da Catequese.